EINFACH GUT

Rose Marie Donhauser

Türkische Küche

FALKEN

Inhalt

Zu diesem Buch

Der Sultan saß an einer reich geschmückten Essenstafel, ließ sich die wohlduftenden Speisen munden und lauschte dabei den Erzählungen seiner Frauen. Selbst wenn es längst nicht mehr so ist wie in den Märchen von Tausend und eine Nacht: Essen und Gesellschaft gehören noch heute in diesem Kulturkreis eng und unzertrennlich zusammen. Die Mahlzeiten bedeuten für die Türken weit mehr als pure Nahrungsaufnahme. Sie sind jeden Tag aufs Neue ein gesellschaftliches Ereignis, sozusagen der Höhepunkt des Tages, auf den man sich gründlich vorbereitet. Das reichhaltige Angebot an Gemüse, Lamm- und Geflügelfleisch, Fisch und Obst in der Türkei ermöglicht eine bunte Palette an wohlschmeckenden Speisen. Verfeinert mit raffinierten Gewürzen, erhalten diese dann ihren unverwechselbaren Geschmack.

Alle Gerichte in diesem Buch wurden nachgekocht. Bevor Sie nun zum Kochlöffel greifen, noch einige Hinweise: Olivenöl ist ein hervorragender Geschmacksträger und wird in der türkischen Küche bei der Zubereitung vieler Speisen verwendet. Wir empfehlen aber zum Braten und Fritieren die Verwendung von neutralem Pflanzenöl, z. B. von Sonnenblumenöl.

Die in jedem Rezeptkopf angegebene Zubereitungszeit schließt eventuelle Vorbereitungszeiten bereits mit ein. Sonderzeiten wie z. B. Zeit zum Marinieren, Zeit zum Quellen und Zeit zum Einlegen etc. werden extra ausgewiesen. Eine Kalorienangabe je Portion und Vorschläge für passende Beilagen oder Getränke ergänzen diesen Informationsblock.

Zu Ihrer Orientierung finden Sie über jedem Rezeptfoto ein Stichwort zur Geschmackscharakteristik und eines zum zeitlichen Gesamtaufwand. Dabei definieren wir:

schnell: Das Gericht ist in maximal 1/2 Stunde fertig.

braucht Zeit: Das Gericht ist in maximal 1/2 bis 1 1/2 Stunden fertig.

zeitintensiv: Die Zubereitung des Gerichts dauert länger als 1 1/2 Stunden.

Bei der Zubereitung gehen wir davon aus, daß Gemüse, Salat, Kräuter, Obst, Fleisch etc. geputzt bzw. gewaschen sind. Diese Arbeitsgänge werden daher in den Rezepten nicht mehr gesondert erwähnt. Garzeiten und Temperaturangaben beziehen sich auf einen Elektroherd.

Foto links: auf dem Teller im Uhrzeigersinn von oben: Pistazien, Schwarzkümmel, Paprikapulver, Pinienkerne, Zimtstangen, Anissamen, Sternanis, grobes Paprikapulver, Korinthen, Çemen (Gewürzmischung), Kreuzkümmelsamen, Sumak, gemahlener Kreuzkümmel; in der Tellermitte: Safranfäden; rings um den Teller im Uhrzeigersinn von oben: Pfefferminze, Lorbeerblätter, glatte Petersilie, Sesamsamen, Knoblauchzehen, Zwiebeln, schwarze Pfefferkörner

Abkürzungen:

EL	= Eßlöffel (gestrichen)
TL	= Teelöffel (gestrichen)
Msp.	= Messerspitze
Bd.	= Bund
P.	= Päckchen
TK-...	= Tiefkühl-...
l	= Liter
ml	= Milliliter
kg	= Kilogramm
g	= Gramm
kcal	= Kilokalorien
ca.	= circa
Min.	= Minute(n)
Std.	= Stunde(n)
°C	= Grad Celsius

Die Rezepte sind für **4 Personen** berechnet. Ausnahmen sind im Rezeptkopf angegeben.

Die **Kalorienangaben** beziehen sich immer auf **1 Portion.**

VORSPEISEN, SUPPEN UND SALATE

Allein die Vorspeisen könnten aufgrund ihrer Üppigkeit ohne weiteres die Hauptspeisen verdrängen. Ob feine Suppe oder erfrischender Salat, zusammen mit frischem Fladenbrot wird jedes Gericht zum Hochgenuß.

Zeytinyağli barbunya pilakisi

Rote Bohnen in Olivenöl

- Zubereitungszeit: ca. 1/2 Std.
- Zeit zum Durchziehen: ca. 2 Std.
- ca. 380 kcal je Portion
- Dazu paßt frisches Fladenbrot

500 g rote Wachtelbohnen
(2 Dosen à ca. 255 g Abtropfgewicht)
1 große Karotte
1 Zwiebel
8–10 Knoblauchzehen
100 ml Olivenöl
1 TL Zucker
1 EL Tomatenmark
Salz
schwarzer Pfeffer aus der Mühle
Saft von 1/2 Zitrone
Zitronenscheiben zum Garnieren
1 EL feingehackte, glatte Petersilie

1. Die Bohnen auf ein Sieb geben und abtropfen lassen. Die Karotte schälen und schräg in dünne Scheibchen schneiden.

2. Die Zwiebel schälen und fein würfeln. Die Knoblauchzehen schälen und der Länge nach in Viertel schneiden.

3. In einem großen Topf das Olivenöl erhitzen. Zwiebelwürfel, Knoblauchviertel sowie die Karottenscheibchen hineingeben und unter ständigem Rühren andünsten. Nach etwa 4 Minuten Zucker und Tomatenmark einrühren. Das Ganze bei starker Hitze kräftig anrösten.

4. Das Gemüse mit $^1/_4$ Liter Wasser ablöschen und aufkochen lassen. Die Bohnen einrühren. Das Bohnengemüse mit Salz, Pfeffer und Zitronensaft abschmecken. Dann nochmals 5 Minuten bei schwacher Hitze leise köcheln lassen.

5. Das Ganze für mindestens 2 Stunden in den Kühlschrank stellen. Vor dem Servieren mit Zitronenscheiben und Petersilie garnieren.

Tip:
Wachtelbohnen werden auch unter der Bezeichnung „Bunte Bohnen" gehandelt, Sie erhalten sie in gut sortierten Supermärkten oder in Feinkostläden.

ZEITINTENSIV · PIKANT

Domates soslu patlıcan kızartması

Gebratene Auberginen in Tomatensauce

- Zubereitungszeit: ca. 1/2 Std.
- Zeit zum Durchziehen: ca. 1/2 Std.
- ca. 320 kcal je Portion
- Dazu paßt ein Glas vollmundiger Rotwein

2 mittelgroße Auberginen
4 Fleischtomaten
4 Knoblauchzehen
100 ml Sonnenblumenöl
Salz, schwarzer Pfeffer aus der Mühle
1 TL Essig
1 EL feingehackte, glatte Petersilie

1. Die Auberginen vom Stielansatz befreien und quer in etwa 1 cm dicke Scheiben schneiden. Diese salzen, mit einem Holzbrett beschweren und etwa 1/2 Stunde ruhen lassen.

2. In der Zwischenzeit die Tomaten über Kreuz einritzen, kurz mit kochendem Wasser überbrühen, kalt abschrecken und enthäuten. Sie dann vierteln, die Stielansätze herausschneiden und das Fruchtfleisch kleinwürfeln. Die Knoblauchzehen schälen und fein hacken.

3. Die Hälfte des Öls in einem kleinen Topf erhitzen. Den Knoblauch darin anschwitzen und die Tomatenwürfel einrühren. Nach dem ersten Aufkochen salzen, pfeffern, mit Essig würzen und die Petersilie einstreuen. Den Topf vom Herd nehmen.

4. Die Auberginenscheiben mit Küchenkrepp sorgfältig trockentupfen. Das restliche Öl in einer Pfanne erhitzen und die Auberginenscheiben darin portionsweise von beiden Seiten goldbraun braten. Zusammen mit der Tomatensauce servieren.

Çoban salatası

Hirtensalat

- Zubereitungszeit: ca. 1/4 Std.
- ca. 250 kcal je Portion
- Dazu paßt ofenfrisches Fladenbrot

1 Salatgurke
1 große Zwiebel
4 enthäutete Tomaten
2 rote Pfefferschoten
1/2 B. glatte Petersilie
10–15 schöne Pfefferminzblätter
8–10 EL Olivenöl
Saft von 1 Zitrone
Salz, schwarzer Pfeffer aus der Mühle

1. Die Salatgurke schälen, halbieren, entkernen und fein reiben. Die Zwiebel schälen und hacken. Die Tomaten entkernen und das Fruchtfleisch kleinwürfeln.

2. Die Pfefferschoten längs halbieren, entkernen und fein hacken. Die Petersilienblättchen von den Stielen zupfen und zusammen mit den Pfefferminzblättern fein wiegen.

3. Das Olivenöl mit Zitronensaft, Salz und Pfeffer verrühren. Die Salatzutaten in eine große Schüssel geben. Mit Dressing begießen und locker vermengen.

Tip:
Verwenden Sie für diesen Salat eine milde Gemüsezwiebelsorte, damit der Zwiebelgeschmack nicht den der übrigen Zutaten verdrängt. Besonders dekorativ sieht es aus, wenn Sie den Salat auf dünnen Gurkenscheiben anrichten.

Patates köfte

Kartoffelbällchen

- Zubereitungszeit: ca. 1 1/2 Std.
- ca. 550 kcal je Portion
- Dazu paßt eine Joghurtsauce mit frisch gehackter Pfefferminze

750 g Kartoffeln
Salz
100 g Mehl
1 Eigelb
schwarzer Pfeffer aus der Mühle
2 Eier
Mehl zum Wenden
100 ml Sonnenblumenöl

1. Die Kartoffeln in reichlich Salzwasser gar kochen. Anschließend pellen und noch warm zerstampfen oder durch eine Presse drücken.

2. Den Kartoffelbrei in eine Schüssel geben und darin zusammen mit dem Mehl sowie mit dem Eigelb zu einem geschmeidigen Teig verarbeiten. Die Masse mit Salz und Pfeffer abschmecken. Aus dem Kartoffelteig mit den Händen kleine Bällchen formen.

3. Die Eier in eine Schüssel schlagen und verquirlen. Die Kartoffelbällchen einzeln zuerst in etwas Mehl wenden, dann durch die Eimasse ziehen und erneut in Mehl wenden.

4. Das Sonnenblumenöl in einer großen Pfanne auf etwa 175 °C erhitzen und die Kartoffelbällchen darin von allen Seiten goldbraun fritieren. Vor dem Servieren auf Küchenkrepp abtropfen lassen.
(auf dem Foto: oben)

Yoğurtlu ispanak salatası

Spinatsalat mit Joghurt

- Zubereitungszeit: ca. 1/2 Std.
- ca. 230 kcal je Portion
- Dazu paßt Reis mit Hühnerfleisch

1 kg frischer Blattspinat
4 Knoblauchzehen
6 EL Olivenöl
Salz
schwarzer Pfeffer aus der Mühle
Saft von 1/2 Zitrone
200 g Vollmilchjoghurt
nach Belieben 1 Prise Safranpulver

1. Den Spinat grob hacken. Die Knoblauchzehen schälen und würfeln.

2. In einem großen Topf die Hälfte des Olivenöls erhitzen. Den Knoblauch darin glasig dünsten und dann den Spinat hinzufügen. Den Spinat bei mittlerer Hitze unter mehrmaligem Rühren garen. Anschließend salzen und pfeffern und den Topf vom Herd nehmen.

3. Den Zitronensaft mit dem Joghurt und dem restlichen Olivenöl verrühren. Die Masse vorsichtig unter den Spinat ziehen. Den Salat eventuell nochmals mit Salz und Pfeffer würzen und nach Belieben etwas Safranpulver darüberstreuen. Lauwarm oder kalt servieren.
(auf dem Foto: unten)

SCHNELL · **AROMATISCH**

Menemen

Eier-Schafskäse-Pfanne

- Zubereitungszeit: ca. 1/2 Std.
- ca. 260 kcal je Portion
- Dazu passen Käsestangen *(Rezept S. 45)*

1 große Zwiebel
4 kleine Tomaten
2 milde, grüne Peperoni
100 g Schafskäse
50 g Butter
4 Eier, Salz
schwarzer Pfeffer aus der Mühle
1 EL feingehackte Pfefferminzblätter

1. Die Zwiebel schälen und in dünne Ringe schneiden. Die Tomaten über Kreuz einritzen, kurz mit kochendem Wasser überbrühen, kalt abschrecken und enthäuten. Sie dann vierteln und dabei die Stielansätze herausschneiden.

2. Die Peperoni in kleine Stücke schneiden. Den Schafskäse fein würfeln.

3. In einer großen Pfanne die Butter erhitzen. Unter ständigem Rühren darin zuerst die Zwiebelringe, dann die Tomatenviertel und zuletzt die Peperonistücke andünsten.

4. Die Eier einzeln in die Pfanne schlagen. Dabei ständig rühren. Das Ganze salzen und pfeffern. Nach etwa zwei Minuten Garzeit den Schafskäse einstreuen. Das Gericht gut verrühren und mit Pfefferminze bestreuen.

Patlıcan salatası

Auberginensalat

- Zubereitungszeit: ca. 1 1/2 Std.
- Zeit zum Durchziehen: ca. 1/2 Std.
- ca. 300 kcal je Portion
- Dazu paßt Fladenbrot

400 g Auberginen
4 Knoblauchzehen
Saft von 1 Zitrone
3 EL Olivenöl
50 g geriebene Walnüsse
Salz
schwarzer Pfeffer aus der Mühle
2 Tomaten
1 grüne Paprikaschote
100 g schwarze Oliven
einige Walnußhälften zum Garnieren

1. Den Backofen auf 180 °C vorheizen. Die Auberginen mit einer Gabel mehrmals einstechen und auf einem Blech im Ofen 1 Stunde backen. Sobald die Früchte weich sind, diese enthäuten und in kleine Stücke schneiden.

2. Die Knoblauchzehen schälen und fein würfeln. Die Auberginenstücke zusammen mit Knoblauch, Zitronensaft und Olivenöl in einem Küchenmixer fein pürieren. Die Walnüsse unterheben. Das Ganze mit Salz sowie Pfeffer pikant abschmecken und zugedeckt für etwa 1/2 Stunde in den Kühlschrank stellen.

3. Die Tomaten in Scheiben und die Paprikaschote in dünne Ringe schneiden. Den Auberginensalat mit Tomatenscheiben, Paprikaringen, Oliven und Walnußhälften garnieren.

Tip:
Streuen Sie noch eine Prise Sumak über den Salat. Das typisch türkische Gewürz verleiht Speisen einen leicht säuerlichen Geschmack.

Midye tava

Gebratene Muscheln

- Zubereitungszeit: ca. 1 1/2 Std.
- Zeit zum Durchziehen: ca. 1/2 Std.
- ca. 740 kcal je Portion
- Dazu paßt ein Glas trockener Weißwein

Für die Joghurt-Nuß-Sauce:
1 entrindete Weißbrotscheibe vom Vortag
100 g gemahlene Haselnüsse
1 Knoblauchzehe
150 ml Olivenöl
1 EL Weißweinessig
Saft von 1/2 Zitrone
Salz
schwarzer Pfeffer aus der Mühle
1 Prise Rosenpaprikapulver
200 g Vollmilchjoghurt

Für die Muscheln:
1 kg frische Miesmuscheln
Mehl zum Wenden
ca. 50 ml Sonnenblumenöl

1. Die Weißbrotscheibe fein reiben und in einem Rührgefäß locker mit den Haselnüssen vermengen. Die Knoblauchzehe schälen und durch eine Presse dazudrücken.

2. Das Olivenöl in dünnem Strahl nach und nach mit einem Schneebesen oder mit den Quirlhaken eines elektrischen Handrührgerät einrühren. Mit Weißweinessig, Zitronensaft, Salz, Pfeffer und Paprikapulver pikant würzen. Zuletzt den Joghurt unterziehen und die Sauce nach Bedarf nochmals abschmecken. Kühl stellen.

3. Die Muscheln unter fließendem Wasser gründlich abbürsten. Bereits geöffnete wegwerfen. Die Muscheln zusammen mit etwas Wasser in einen großen Topf geben und bei starker Hitze in etwa 6 Minuten zugedeckt gar kochen.

4. Sobald sich alle Muscheln geöffnet haben, geschlossene aussortieren und wegwerfen. Die restlichen auf ein Sieb geben und abtropfen lassen. Das Muschelfleisch mit Hilfe einer Gabel jeweils aus den Schalen lösen und abtropfen lassen.

5. Das Sonnenblumenöl in einer Pfanne erhitzen. Die Muscheln einzeln in Mehl wenden, dann in Wasser tauchen und erneut in Mehl wenden. Bei mittlerer Hitze im Öl rundherum goldbraun braten. Anschließend auf Küchenkrepp abtropfen lassen und zusammen mit der Joghurt-Nuß-Sauce servieren.

Tip:
Garnieren Sie die gebratenen Muscheln mit Zitronenscheiben.

Variationen:
Sie können das Muschelfleisch auch vor dem Ausbacken zuerst in 1 verquirltem Ei, dann in Mehl und zum Schluß in Semmelbröseln wenden. Die Vorspeise wird dadurch sättigender und natürlich kalorienhaltiger.
Die Muscheln schmecken intensiver, wenn Sie sie anstatt in Wasser zusammen mit etwas Petersilie und Dill in 250 ml Fischfond (aus dem Glas) garen.

Yayla çorbası

Almsuppe

- Zubereitungszeit: ca. 1/2 Std.
- ca. 240 kcal je Portion
- Dazu passen Sesamkringel (*Rezept S. 56*)

1 1/2 l Hühnerbrühe
(aus Instantpulver oder selbstgemacht)
100 g Reis
2 Pfefferminzzweige
200 g Vollmilchjoghurt
1 TL Mehl
2 EL Olivenöl
Salz
schwarzer Pfeffer aus der Mühle
1 Prise Rosenpaprikapulver

1. Die Hühnerbrühe in einem Topf zum Kochen bringen. Den Reis einstreuen und bei mittlerer Hitze zugedeckt in etwa 20 Minuten gar kochen.

2. In der Zwischenzeit die Pfefferminzblätter von den Stielen zupfen und fein hacken. Den Joghurt mit Mehl, Olivenöl sowie 1 Schöpflöffel Hühnerbrühe verrühren.

3. Die Joghurtmasse mit einem Schneebesen rasch unter die kochende Suppe ziehen. Danach die Hitze auf die kleinste Stufe reduzieren und die Suppe nicht mehr kochen lassen. Die Joghurtsuppe mit Salz und Pfeffer abschmecken und mit Pfeffeminze sowie mit Paprikapulver bestreuen.

Soğan çorbası

Zwiebelsuppe

- Zubereitungszeit: ca. 1/2 Std.
- ca. 340 kcal je Portion
- Dazu paßt ein Glas vollmundiger Rotwein

2 große Zwiebeln
60 g Butter
1 EL Mehl
1 1/4 l Fleischbrühe (aus Instantpulver oder selbstgemacht)
4 Scheiben Weißbrot
Salz, schwarzer Pfeffer aus der Mühle
50 g geriebener Käse
2 EL Olivenöl

1. Den Backofen auf 200 °C vorheizen. Die Zwiebeln schälen und in dünne Ringe schneiden. In einem Topf die Butter erhitzen und die Zwiebelringe darin glasig dünsten.

2. Die Zwiebeln mit dem Mehl bestäuben und unter Rühren mit Fleischbrühe aufgießen. Die Zwiebelsuppe einmal aufkochen lassen und dann 10 Minuten bei mittlerer Hitze köcheln lassen.

3. Die Weißbrotscheiben toasten und passend für die Suppenschalen zurechtschneiden. Die Suppe salzen, pfeffern und in feuerfeste Schalen füllen. Je eine Scheibe Weißbrot einlegen, diese mit Käse bestreuen und mit Olivenöl beträufeln. Die Schalen in den Ofen geben und die Zwiebelsuppe goldbraun überbacken.

Tip:
Da in der Türkei Schafskäsesorten am häufigsten zu finden sind, empfiehlt sich für dieses Rezept ein Hartkäse aus Schafsmilch. Wenn Sie keinen türkischen bekommen können, greifen Sie auf italienische Sorten, zum Beispiel auf einen Pecorino, zurück.

Cacık

Joghurt-Gurken-Creme

- Zubereitungszeit: ca. 1/2 Std.
- Zeit zum Durchziehen: ca. 1 Std.
- ca. 240 kcal je Portion
- Dazu paßt Weißbrot

1 Salatgurke
einige Dillzweige
5 Knoblauchzehen
Salz
500 g Vollmilchjoghurt
schwarzer Pfeffer aus der Mühle
2 EL Olivenöl
100 g schwarze Oliven

1. Die Salatgurke schälen, halbieren und die Kerne mit einem Teelöffel entfernen. Das Gurkenfruchtfleisch fein reiben. Die Dillspitzen von den Stielen zupfen und fein wiegen.

2. Die Knoblauchzehen schälen und zusammen mit etwas Salz in einem Mörser fein zerreiben. Die Knoblauchmasse in einer Schüssel mit dem Joghurt vermengen. Den Dill und die Gurke hinzufügen und gründlich unterziehen. Die Creme mit Salz und Pfeffer abschmecken.

3. Die Creme in eine Servierschüssel füllen, die Oberfläche mit Olivenöl beträufeln und das Ganze zugedeckt für 1 Stunde kühl stellen. Vor dem Servieren mit den Oliven garnieren.
(auf dem Foto oben)

Tip:
Diese Creme paßt als Dip hervorragend zu vielen Fleischspeisen und zu Tomaten- sowie zu Bohnensalat.

Yoğurtlu kabak kızartması

Gebratene Zucchini mit Joghurtsauce

- Zubereitungszeit: ca. 1/2 Std.
- ca. 360 kcal je Portion
- Dazu paßt ein Gläschen Raki

600 g Zucchini
50 g Mehl
125 ml helles Bier, Weißwein
oder Wasser
1 EL Olivenöl
100 ml Sonnenblumenöl
Salz
schwarzer Pfeffer aus der Mühle
5 Knoblauchzehen
200 g Vollmilchjoghurt
1 EL feingehackte Pfefferminzblätter

1. Die Zucchini in dünne Scheiben schneiden. Das Mehl mit dem Bier und dem Olivenöl glattrühren.

2. Das Sonnenblumenöl in einer Pfanne erhitzen. Die Zucchinischeiben mit Hilfe einer Gabel einzeln in den Bierteig tauchen und im Öl von beiden Seiten goldbraun braten.

3. Die Zucchinischeiben auf Küchenkrepp abtropfen lassen. Salzen, pfeffern und auf einer Servierplatte dekorativ anrichten.

4. Die Knoblauchzehen schälen und durch eine Presse zum Joghurt drücken. Die Pfefferminze hinzufügen, die Masse gut verrühren und löffelweise über die Zucchinischeiben geben.
(auf dem Foto unten)

Tip:
Rühren Sie zusätzlich noch etwas feingehackte, glatte Petersilie unter die Joghurtsauce.

BRAUCHT ZEIT · ERFRISCHEND

SCHNELL · WÜRZIG

Çerkes tavuğu

Huhn-Nuß-Paste

- Zubereitungszeit: ca. 1 3/4 Std.
- ca. 640 kcal je Portion
- Dazu paßt Fladenbrot

1 kleines, küchenfertiges Brathähnchen (ca. 1 kg)
Salz
2 Knoblauchzehen
3 Scheiben Weißbrot vom Vortag
200 g gehackte Walnüsse
schwarzer Pfeffer aus der Mühle
2 Tomaten
2 EL Walnußöl
(in Feinkostläden erhältlich)
1/2 TL edelsüßes Paprikapulver

1. Das Hähnchen in einen großen Topf geben und mit so viel kaltem Wasser begießen, bis es ganz bedeckt ist. Das Ganze aufkochen lassen, salzen und bei mittlerer Hitze etwa 3/4 Stunden kochen. Dabei regelmäßig den Schaum abschöpfen.

2. In der Zwischenzeit die Knoblauchzehen schälen. Das Weißbrot entrinden und fein reiben. Knoblauch, Weißbrot, Nüsse und etwas Hühnerbrühe in einer Küchenmaschine zu einem Mus verarbeiten. Das Mus leicht salzen und pfeffern.

3. Das Hähnchen aus der Brühe nehmen, kurz abkühlen lassen, enthäuten und von eventuellem Fett befreien. Das Fleisch von den Knochen lösen und quer zur Faser in feine Streifen schneiden.

4. Die Hälfte des Hühnerfleisches unter das Nußmus mengen und das Ganze auf einer Platte anrichten. Die Tomaten vom Stielansatz befreien und in Achtel schneiden. Die Huhn-Nuß-Paste mit Tomatenachteln und restlichem Hühnerfleisch garnieren.

5. Das Walnußöl mit dem Paprikapulver verrühren und das Gericht damit beträufeln.

Tip:

Sie können die Paste entweder lauwarm, wie im Rezept angegeben, oder gut gekühlt servieren. Nach Belieben können Sie das Gericht zusätzlich mit Walnußhälften und milden Peperonis garnieren.

Variationen:

Geben Sie noch 2 Eßlöffel fein gehackte, glatte Petersilie und etwas Zitronensaft zur Paste. Im Orginalrezept werden ganze Walnüsse oder Pistazien zusammen mit dem Knoblauch in einem Mörser zerrieben. Im Mörser zerriebene Gewürze oder Knoblauch verteilen sich im Gericht besser als durchgepreßter Knoblauch oder in der Küchenmaschine zerkleinerte Gewürze.
Sie können das Weißbrot auch durch 2 bis 3 Tage alte Brötchen ersetzen, die Sie in etwas Hühnerbrühe einweichen, bevor Sie sie für das Nußmus verwenden.

Pirincli tavuk çorbası

Reis-Hühner-Suppe

- Zubereitungszeit: ca. 1 3/4 Std.
- ca. 490 kcal je Portion
- Dazu paßt Fladenbrot

1 kleines, küchenfertiges Suppenhuhn (ca. 1 kg)
Salz
1 EL Butter
100 g Reis
schwarzer Pfeffer aus der Mühle
2 EL feingehackte, glatte Petersilie

1. Das Huhn in einen großen Topf geben und so viel kaltes Wasser zugeben, bis es bedeckt ist. Das Ganze erhitzen, einmal aufkochen lassen, salzen und bei mittlerer Hitze etwa 3/4 Stunden kochen. Dabei regelmäßig den Schaum abschöpfen.

2. Das Huhn aus der Brühe nehmen, kurz abkühlen lassen, enthäuten und von eventuellem Fett befreien. Das Fleisch von den Knochen lösen und in mundgerechte Stücke schneiden. Den Reis auf einem Sieb gründlich waschen und abtropfen lassen.

3. In einem Topf die Butter erhitzen. Den Reis hinzufügen und unter Rühren glasig werden lassen. Mit Hühnerbrühe aufgießen, salzen, pfeffern und den Reis gar kochen.

4. Die Hühnerfleischstücke auf vier Suppenteller verteilen. Mit heißer Reissuppe begießen und mit Petersilie bestreuen.

Midye salatası

Muschelsalat

- Zubereitungszeit: ca. 1/2 Std.
- Zeit zum Durchziehen: ca. 1/2 Std.
- ca. 190 kcal je Portion
- Dazu paßt warmes Fladenbrot

1,5 kg frische Miesmuscheln
1 Zwiebel in Scheiben
200 ml trockener Weißwein
1 EL eingelegte Kapern mit etwas Saft (aus dem Glas)
1 TL mittelscharfer Senf
5 EL Olivenöl
Saft von 1/2 Zitrone
2 EL feingehackte, glatte Petersilie
Salz
schwarzer Pfeffer aus der Mühle

1. Die Muscheln unter fließendem Wasser gründlich abbürsten. Bereits geöffnete wegwerfen. Die Muscheln zusammen mit den Zwiebelscheiben, 100 ml Wasser sowie dem Weißwein in einen Topf geben. Bei starker Hitze zugedeckt in etwa 8 Minuten garen.

2. Muscheln, die sich beim Garen nicht geöffnet haben, aussortieren unnd wegwerfen. Von den restlichen das Muschelfleisch mit Hilfe einer Gabel jeweils aus den Schalen lösen und zusammen mit den Kapern in eine Schüssel geben.

3. Aus Senf, Olivenöl, Zitronensaft, Petersilie, Salz, Pfeffer und einigen Eßlöffeln Muschelsud ein Dressing zubereiten. Das Dressing mit dem Muschelfleisch vermengen. Den Salat zugedeckt 1/2 Stunde ruhen lassen.

Balık çorbası

Fischsuppe

- Zubereitungszeit: ca. 2 Std.
- ca. 480 kcal je Portion
- Dazu paßt frisches Stangenweißbrot

1 kg gemischte, küchenfertige Fische (z. B. Meeräsche, Rotbarsch, Knurrhahn, Rotbarbe)
1 Bd. Suppengrün
Salz
1 TL schwarze Pfefferkörner
2 Lorbeerblätter
1 Zwiebel
1 Karotte
60 g Butter
2 EL feingehackte, glatte Petersilie
1 EL Mehl
50 g Reis
2 Eier
Saft von 1–2 Zitronen
$^1/_2$ TL edelsüßes Paprikapulver
1 Prise Rosenpaprikapulver

1. Die Fische waschen und in Stücke schneiden. Das Suppengrün zerkleinern. Die Fischstücke in einen großen Topf geben und mit etwa $2^1/_2$ Litern Wasser begießen. Salz, Pfefferkörner, Suppengrün sowie Lorbeerblätter hinzufügen. Das Ganze erhitzen und bei mittlerer Hitze etwa 1 Stunde garen. Dabei regelmäßig den Schaum abschöpfen.

2. Die Fischstücke mit einem Schaumlöffel aus dem Topf nehmen. Sie dann enthäuten, in mundgerechte Stücke schneiden und dabei Gräten, Schuppen, Flossen und Köpfe entfernen. Ein Haarsieb mit einem Küchentuch auslegen und die Brühe abseihen. Das Fischfleisch mit einer Gabel zerpflücken und in die Brühe geben.

3. Die Zwiebel und die Karotte schälen und in kleine Würfel schneiden. In einem Topf 4 Eßlöffel Butter erhitzen. Zwiebel- und Karottenwürfel sowie die Petersilie darin andünsten.

4. Mit Mehl bestäuben, kräftig durchrühren und mit der Fischbrühe ablöschen. Den Reis einstreuen und die Suppe bei milder Hitze 20 Minuten köcheln lassen.

5. Die Eier trennen. Die Eiweiße steif schlagen. Die Eigelbe verquirlen und unter den Eischnee ziehen. Vorsichtig den Zitronensaft sowie einige Eßlöffel heiße Suppe hinzufügen.

6. Die Suppe vom Herd nehmen und die Eiersauce mit einem Schneebesen unterrühren. Eventuell nochmals mit Salz abschmecken.

7. Die restliche Butter in einer Pfanne erhitzen und die beiden Paprikapulver einrühren. Die Paprikabutter über die Suppe träufeln und diese sofort servieren.

Tip:
Wenn Sie zusammen mit den Fischstücken einige große Gräten mitkochen, schmeckt die Suppe intensiver. Je edler der Fisch ist, von dem die Gräten stammen, um so aromatischer wird die Suppe. Gräten von Seezunge oder Teufelsfisch geben einen besonders feinen Geschmack ab.

HAUPTSPEISEN MIT FLEISCH UND FISCH

Zaubern Sie sich etwas orientalischen Flair in Ihre Küche: Kreuzkümmel, Safran, Gewürzmischungen wie Çemen und Köftegewürz verleihen den Gerichten im folgenden Kapitel eine besondere Note.

Kadınbudu köfte

Frauenschenkel

- Zubereitungszeit: ca. 3/4 Std.
- ca. 820 kcal je Portion

Dazu passen grüner Salat mit Paprikaschoten und Zwiebeln und Fladenbrot oder Pommes frites

3 Zwiebeln
800 g Lammhackfleisch (ersatzweise Rinderhackfleisch)
60–80 ml Sonnenblumenöl
100 g gekochter Reis
4 Eier
2 EL feingehackte, glatte Petersilie
Salz
schwarzer Pfeffer aus der Mühle
1/2 TL Köftegewürz
Mehl zum Wenden
edelsüßes Paprikapulver

1. Die Zwiebeln schälen, eine davon in Ringe schneiden und die restlichen fein hacken. Ein Drittel des Sonnenblumenöls in einer Pfanne erhitzen und die Zwiebelwürfel darin glasig dünsten. Die Hälfte des Hackfleischs hinzufügen und unter Rühren etwa 8 Minuten braten.

2. Den Pfanneninhalt in einer Schüssel mit rohem Hackfleisch, Reis, 1 Ei, Petersilie, Salz, Pfeffer sowie Köftegewürz gut vermengen. Von der Masse mit einem Eßlöffel etwa eigroße Fleischportionen abstechen. Diese zu Kugeln formen, flachdrücken und keulenförmig langziehen.

3. Das restliche Öl auf zwei Pfannen verteilen und jeweils erhitzen. Die restlichen Eier verquirlen.

4. Die Hackfleischportionen zuerst in Mehl wenden, dann in die Eimasse tauchen und sofort in das heiße Fett legen. Auf beiden Seiten goldbraun braten. Die knusprigen „Frauenschenkel" auf einer Platte anrichten, mit Zwiebelringen belegen und mit Paprikapulver bestäuben. Heiß oder kalt servieren.

Tip:
„Köfte" bedeutet übersetzt „Frikadellen", Köftegewürz ist also eine Hackfleischwürzmischung. Diese kann unterschiedlich zusammengesetzt sein, besteht aber in der Regel aus Kreuzkümmel, scharfem Paprika und Pfeffer. Köftegewürz darf in keinem türkischen Hackfleischgericht fehlen.

BRAUCHT ZEIT
KNUSPRIG

Şiş kebap

Fleischspieße vom Grill

- Zubereitungszeit: ca. $^3/_4$ Std.
- Zeit zum Marinieren: ca. 12 Std.
- ca. 740 kcal je Portion
- Dazu paßt ein Hirtensalat *(Rezept S. 7)*

1 kg Hammel- oder Lammfleisch vom Rücken
2 Zwiebeln
4 EL Olivenöl
2 EL Milch
schwarzer Pfeffer aus der Mühle
1 EL feingehackter Dill
2 Tomaten
2 grüne Paprikaschoten
Salz

1. Das Fleisch in mundgerechte Würfel schneiden. Die Zwiebeln schälen und auf einer Gemüsereibe fein reiben.

2. Olivenöl, Milch, Pfeffer, Dill sowie die geriebene Zwiebel in einer Schüssel vermengen. Die Fleischwürfel mit der Paste bestreichen. Das Ganze zudecken und mindestens 12 Stunden marinieren lassen.

3. Die Tomaten vom Stielansatz befreien und in Achtel, die Paprikaschoten in kleine Stücke schneiden. Tomaten-, Paprika- und Fleischstücke abwechselnd auf Holz- oder Metallspieße stecken. Salzen und pfeffern. Die Fleischspieße auf dem Grill knusprig garen oder in einer Pfanne in heißem Sonnenblumenöl 10 bis 15 Minuten braten.
(auf dem Foto: oben)

Tip:
Dazu paßt eine Joghurt-Gurken-Creme. Das Rezept dafür finden Sie auf Seite 16.

Etli yaprak dolması

Weinblätterrouladen

- Zubereitungszeit: ca. $1^1/_2$ Std.
- ca. 540 kcal je Portion
- Dazu passen Fladenbrot und Oliven

300 g große, eingelegte Weinblätter (in gut sortierten Supermärkten oder in türkischen Läden erhältlich)
1 große, gewürfelte Zwiebel
50 g gekochter Reis
2 EL feingehackte, glatte Petersilie
500 g Lammhackfleisch
Salz
schwarzer Pfeffer aus der Mühle
100 g Butterflöckchen

1. Die Weinblätter in kochendes Wasser legen und etwa 5 Minuten garen. Herausnehmen und einzeln, mit der matten Seite nach oben, auf einer Arbeitsfläche auslegen.

2. Zwiebelwürfel, Reis, Petersilie und Hackfleisch in einer Schüssel vermengen. Mit Salz und Pfeffer würzen. Je einen Eßlöffel Hackfleischmasse in die Mitte der Weinblätter geben. Die Blätter oben und unten einschlagen und das Ganze jeweils fest aufrollen.

3. Die Weinblätterrouladen dicht nebeneinander in einen großen Topf legen. Mit Butterflöckchen belegen und mit so viel Wasser begießen, daß sie ganz bedeckt sind. Den Topf mit einem Deckel verschließen und die Weinblätter bei milder Hitze in etwa 35 bis 40 Minuten garen.
(auf dem Foto: unten)

Tip:
Bestellen Sie das Hackfleisch bei Ihrem Fleischer vor, die wenigsten Metzger haben Lammhackfleisch vorrätig.

ZEITINTENSIV · **AROMATISCH**

BRAUCHT ZEIT · **MEDITERRAN**

Ciğer pane

Panierte Leber

- Zubereitungszeit: ca. 1/2 Std.
- ca. 430 kcal je Portion
- Dazu passen Kartoffelbällchen *(Rezept S. 8)*

1 Zwiebel
1 Bd. Petersilie
600 g Lamm- oder Kalbsleber
schwarzer Pfeffer aus der Mühle
3 Eier
3 EL Milch
Salz
Mehl zum Wenden
4 EL Pflanzenöl
1 EL Margarine
Saft von 1 Zitrone

1. Die Zwiebel schälen und in Ringe schneiden. Die Petersilienblättchen von den Stielen zupfen. Die Leber enthäuten, in dünne Scheibchen schneiden und diese auf beiden Seiten pfeffern.

2. Die Eier mit der Milch sowie mit etwas Salz verquirlen. Die Leberscheiben in Mehl wenden, dann in die Eiermischung tauchen und erneut in Mehl wenden.

3. Das Öl und die Margarine in einer Pfanne erhitzen und die Leberscheiben darin bei nicht zu starker Hitze von allen Seiten etwa 6 Minuten braten. Auf vorgewärmte Teller geben, mit Zwiebelringen und Petersilie belegen. Mit Zitronensaft beträufeln und sofort servieren.

Fırında piliç kızartması

Gebackenes Huhn im Ofen

- Zubereitungszeit: ca. 1 3/4 Std.
- ca. 480 kcal je Portion

Dazu paßt Reis mit Rosinen
(Rezept S. 48)

2 küchenfertige Brathähnchen
(à ca. 1,5 kg)
Salz
200 g Vollmilchjoghurt
1 Prise Kurkumapulver
1 EL Tomatenmark
1 EL Margarine
schwarzer Pfeffer aus der Mühle

1. Die Hähnchen in einen Topf legen und so viel kaltes Wasser zugeben, bis sie ganz bedeckt sind. Das Ganze erhitzen, einmal aufkochen lassen, salzen und bei mittlerer Hitze etwa 3/4 Stunden kochen. Dabei regelmäßig den Schaum abschöpfen.

2. Den Backofen auf 200 °C vorheizen. Die Hähnchen aus dem Wasser nehmen und jedes halbieren. Die Hähnchenhälften mit der Brustseite nach oben in einen Bräter legen.

3. Joghurt mit Kurkuma, Tomatenmark, Margerine und Pfeffer gut verrühren. Die Joghurtmischung über die Hähnchen gießen und diese in den Backofen schieben. Die Hähnchen in etwa 20 Minuten goldbraun überbacken.

Tip:
Kurkuma gehört zur Familie der Ingwergewächse. Das Gewürzpulver wird aus einer Wurzel gewonnen und hat einen ingwerähnlichen Geschmack. Sie erhalten das Gewürz in gut sortierten Supermärkten, in Asienläden und in türkischen Geschäften.

Hünkâr beğendi

Sultans Delikatesse

- Zubereitungszeit: ca. 2 3/4 Std.
- ca. 1110 kcal je Portion
- Dazu paßt ein Glas vollmundiger Rotwein

1 kg Gulaschfleisch
(vom Rind oder vom Lamm)
Salz
schwarzer Pfeffer aus der Mühle
4 enthäutete Fleischtomaten
4 Zwiebeln
1 kg Auberginen
200 g Butter
2 Lorbeerblätter
100 g Mehl
375 ml Milch
100 g geriebener Parmesankäse

1. Das Fleisch in gleich große Würfel schneiden. Salzen und pfeffern. Die Tomaten vom Stielansatz befreien und in kleine Stücke schneiden. Die Zwiebeln schälen und grob hacken.

2. Den Backofen auf 180 °C vorheizen. Die Auberginen mit einer Gabel mehrmals einstechen und im Ofen etwa 1 Stunde backen, bis sie weich sind. Anschließend enthäuten.

3. Die Zwiebelwürfel in der Hälfte der Butter andünsten. Die Fleischwürfel hinzufügen, nach etwa 10 Minuten die Tomatenstücke und die Lorbeerblätter dazugeben . Mit 3/4 Liter Wasser aufgießen und das Ganze zugedeckt etwa 1 Stunde schmoren lassen.

4. Die restliche Butter in einem Topf erhitzen. Das Mehl hinzugeben und hell anschwitzen lassen. Die Milch angießen und die Mischung unter mehrmaligem Umrühren etwa 5 Minuten köcheln lassen. Dann salzen und pfeffern.

5. Die Auberginen kleinwürfeln und in die Béchamelsauce rühren. Diese nochmals 5 Minuten köcheln lassen. Zuletzt den Parmesan daruntermischen.

6. Die Auberginensauce nochmals mit Salz und Pfeffer abschmecken und die Hälfte davon auf eine vorgewärmte Servierplatte geben. Darauf den Fleischeintopf anrichten und alles mit der restlichen Sauce überziehen.

Variationen:
Würzen Sie den Fleischtopf mit Kreuzkümmel und Köftegewürz. Anstatt der Béchamelsauce können Sie auch eine einfache, kalte Sauce aus 200 g Joghurt, Saft von 1 Zitrone, 1 Bund gehackter Petersilie, Salz und Pfeffer zubereiten. Die Joghurtsauce löffelweise über das Gulaschgericht geben. Wenn Sie Kalorien sparen wollen, braten Sie das Fleisch in wenig Butter an und ersetzen Sie die Béchamelsauce durch Joghurtsauce. Die Auberginen können auch in die kalte Sauce eingerührt werden.

Buğulama balık filetosu

Gedünstetes Fischfilet

- Zubereitungszeit: ca. 1 Std.
- ca. 410 kcal je Portion
- Dazu paßt ein Glas trockener Weißwein

4 Fischfilets
(Thunfisch, Meerbarbe, Dorade, Schellfisch etc., à ca. 200 g)
Salz
schwarzer Pfeffer aus der Mühle
Saft von 2 Zitronen
4 große, enthäutete Tomaten
2 große Zwiebeln
50 g Butterflöckchen
100 ml Weißwein

1. Den Backofen auf 200 °C vorheizen. Die Fischfilets kalt abspülen, trockentupfen, salzen und pfeffern. In eine Auflaufform legen und mit Zitronensaft beträufeln.

2. Die Tomaten vom Stielansatz befreien und in dünne Scheiben schneiden. Die Zwiebeln schälen und fein hacken. Die Fischfilets mit Tomaten, Zwiebelwürfeln und Butterflöckchen belegen. Mit Weißwein begießen und die Form mit einem Deckel oder mit Alufolie verschließen.

3. Das Ganze in den Ofen geben und die Fischfilets 35 bis 40 Minuten garen.

Kılıç şiş

Schwertfisch am Spieß

- Zubereitungszeit: ca. 3/4 Std.
- ca. 310 kcal je Portion
- Dazu paßt Spinatsalat mit Joghurt *(Rezept S. 8)*

600 g küchenfertiges Schwertfischfilet
4 Tomaten
8 milde, eingelegte Peperoni (aus dem Glas)
8 Lorbeerblätter
Salz
schwarzer Pfeffer aus der Mühle
Saft von 2 Zitronen
4 EL Olivenöl

1. Den Backofen auf 210 °C vorheizen. Das Schwertfischfilet kalt abspülen, trockentupfen und in mundgerechte Stücke schneiden. Die Tomaten vom Stielansatz befreien und dann vierteln.

2. Die Peperoni quer halbieren. Fischstücke, Tomatenviertel, Peperonihälften und Lorbeerblätter abwechselnd auf 4 lange Holzspieße stecken. Das Ganze mit Salz und Pfeffer kräftig würzen.

3. Die Fischspieße mit der Hälfte des Zitronensaftes und mit dem Olivenöl bepinseln. Die Spieße auf einen Gitterrost legen und unter mehrmaligem Wenden etwa 1/2 Stunde im Ofen grillen. Die knusprig gegrillten Fischspieße mit dem restlichen Zitronensaft beträufeln und sofort servieren.

Tonbalığı buğulama

Gedünsteter Thunfisch

- Zubereitungszeit: ca. 1 Std.
- Zeit zum Kühlen: ca. 4 Std.
- ca. 880 kcal je Portion
- Dazu paßt knuspriges Fladenbrot

1 kg küchenfertige Thunfischfilets
Salz
Saft von 2 Zitronen
3 Kartoffeln
1 Zwiebel
100 ml Olivenöl
2 gehackte Knoblauchzehen
3 enthäutete Tomaten
1 Bd. feingehackte, glatte Petersilie
1 EL gehackter Thymian
schwarzer Pfeffer aus der Mühle

1. Den Thunfisch kalt abspülen, trockentupfen und in Scheiben schneiden. Salzen und mit dem Saft von 1 Zitrone beträufeln.

2. Die Kartoffeln sowie die Zwiebel schälen und in Scheiben schneiden. Das Olivenöl in einem großen Topf erhitzen. Die Zwiebelscheiben und den Knoblauch darin glasig dünsten. Etwa 300 ml Wasser angießen, das Ganze aufkochen und die Kartoffelscheiben einlegen.

3. Nach etwa 10 Minuten Garzeit die Tomaten in Scheiben schneiden und zusammen mit den Fischscheiben, der Petersilie sowie dem Thymian hinzufügen. Mit Salz, Pfeffer und restlichem Zitronensaft würzen. Das Ganze etwa 25 Minuten bei mittlerer Hitze garen. Kurz abkühlen lassen und dann für 4 Stunden in den Kühlschrank stellen. Auf einer runden Servierplatte anrichten.
(auf dem Foto oben)

Kalkan tava

Gebratener Steinbutt

- Zubereitungszeit: ca. $^1/_2$ Std.
- ca. 530 kcal je Portion
- Dazu paßt Hirtensalat und Joghurtsauce *(Rezept S. 7)*

600 g küchenfertiges Steinbuttfilet
Salz
Saft von 2 Zitronen
Mehl zum Wenden
100 ml Sonnenblumenöl
8 mittelgroße, gekochte Kartoffeln
1 EL Butter
1 Bd. feingehackte, glatte Petersilie

1. Das Steinbuttfilet kalt abspülen, trockentupfen, in Portionen schneiden, salzen und mit dem Saft von 1 Zitrone beträufeln.

2. Die Fischfilets in Mehl wenden, dabei überschüssiges Mehl abklopfen. Das Sonnenblumenöl in einer großen Pfanne erhitzen und die Fischfilets darin portionsweise von beiden Seiten knusprig braten.

3. Die Filets auf einer vorgewärmten Platte anrichten. Die Kartoffeln zusammen mit der Butter in den Bratensatz geben und knusprig braun braten. Die Petersilie einstreuen und den Pfanneninhalt über die Fischfilets geben. Mit dem restlichen Zitronensaft beträufeln.
(auf dem Foto unten)

Tip:
Anstatt mit dem teuren Steinbuttfilet können Sie dieses Rezept auch mit anderen Fischsorten zubereiten. Beispielsweise mit Scholle, Dorade, Rotbarsch, Heilbutt oder mit Schellfisch.

ZEITINTENSIV · PIKANT

SCHNELL · KNUSPRIG

Kuzu ğüveç

Lammfleisch und Gemüse im Tontopf

- Zubereitungszeit: ca. 2 Std.
- ca. 620 kcal je Portion
- Dazu paßt ein Glas vollmundiger Rotwein

800 g Lammfleisch ohne Knochen (aus der Schulter)
Salz
schwarzer Pfeffer aus der Mühle
4 enthäutete Tomaten
2 Kartoffeln
2 große Zwiebeln
je 1 grüne und rote Paprikaschote
200 g grüne Bohnen
je $^1/_2$ Bd. feingehackte, glatte Petersilie und feingehackter Dill
2 EL Butterflöckchen

1. Den Backofen auf 200 °C vorheizen. Das Fleisch in mundgerechte Stücke schneiden, mit Salz und Pfeffer würzen. Die Tomaten vom Stielansatz befreien und vierteln.

2. Die Kartoffeln sowie die Zwiebeln schälen und in Achtel schneiden. Die Paprikaschoten in Streifen schneiden, dabei Kerne und Stielansätze entfernen. Die Bohnen halbieren.

3. Die Fleischstücke abwechselnd mit Gemüsesorten und Kräutern in einen Römertopf schichten. Mit Salz und Pfeffer würzen, etwa $^1/_8$ Liter Wasser angießen und die Butterflöckchen über dem Ganzen verteilen. Den Römertopf verschließen, in den Ofen geben und das Gericht etwa $1^1/_2$ Stunden garen.
(auf dem Foto: oben)

Kabak musakka

Moussaka mit Zucchini

- Zubereitungszeit: ca. $1^1/_4$ Std.
- ca. 640 kcal je Portion
- Dazu paßt ein Glas Bier

1 kg Zucchini
4 enthäutete Tomaten
4 schmale, blaßgrüne Paprikaschoten
Salz
schwarzer Pfeffer aus der Mühle
150 ml Olivenöl
2 gewürfelte Zwiebeln
250 g Lammhackfleisch
200 g Vollmilchjoghurt
$^1/_2$ TL edelsüßes Paprikapulver
1 Bd. feingehackte, glatte Petersilie

1. Den Backofen auf 220 °C vorheizen. Die Zucchini in dünne Scheiben schneiden. Die Tomaten vom Stielansatz befreien und würfeln. Die Paprikaschoten mit einer Gabel mehrmals einstechen. Das Gemüse salzen und pfeffern.

2. Etwa ein Drittel des Olivenöls in einer Pfanne erhitzen und die Zucchinischeiben sowie die Paprikaschoten darin rundherum knusprig braten. Die Tomatenwürfel hinzufügen und kurz weiterbraten.

3. Das Gemüse auf den Boden einer Auflaufform geben. Das restliche Olivenöl in der Pfanne erhitzen und die Zwiebelwürfel darin glasig dünsten. Das Hackfleisch hinzufügen und unter Rühren krümelig braten.

4. Die Masse mit Salz sowie Pfeffer würzen und auf das Gemüse schichten. Den Joghurt mit Paprikapulver verrühren und auf dem Hackfleisch verstreichen. Das Mousaka im Ofen etwa $^1/_2$ Stunde backen. Mit Petersilie garnieren.
(auf dem Foto: unten)

BRAUCHT ZEIT · AROMATISCH

Döner kebap

Kalbfleisch im Fladenbrot

- Zubereitungszeit: ca. 3/4 Std.
- ca. 520 kcal je Portion
- Dazu paßt ein Glas Bier

600 g mageres Kalbfleisch
Salz, schwarzer Pfeffer aus der Mühle
2 geschälte Zwiebeln, 5 EL Olivenöl
1 frisches Fladenbrot
100 g Vollmilchjoghurt
1/2 TL Kreuzkümmel
4 durchgepreßte Knoblauchzehen

1. Den Backofen auf 220 °C vorheizen. Das Fleisch in dünne Scheiben schneiden und auf vier Spieße stecken. Salzen und pfeffern. Eine Zwiebel in Ringe schneiden, die andere fein reiben. Das Fleisch mit Zwiebelmus und der Hälfte des Olivenöls bestreichen.

2. Das Fladenbrot vierteln. Jedes Viertel zu einer Tasche aufschneiden und innen mit Olivenöl beträufeln. Die Fleischspieße auf einen Gitterrost legen und im Backofen unter mehrmaligem Wenden etwa 20 Minuten grillen. In den letzten fünf Minuten die Brottaschen dazugeben.

3. Das Fleisch jeweils von den Spießchen streifen. Jede Brottasche mit Fleisch und Zwiebelringen füllen. Das Joghurt mit dem Kreuzkümmel und dem Knoblauch verrühren. Die Mischung auf die gefüllten Brottaschen verteilen. Sofort servieren.

Tip:
Nach Belieben können Sie in die Kebaps zusätzlich Tomaten- und Gurkenscheiben geben.

Istanbul pilavı

Reis Istanbul

- Zubereitungszeit: ca. 1 1/2 Std.
- ca. 870 kcal je Portion
- Dazu paßt ein Glas trockener Weißwein

400 g Hühnerbrustfilet
Salz
schwarzer Pfeffer aus der Mühle
400 g Reis
100 g Butter
1 Döschen Safran
ca. 800 ml heiße Hühnerbrühe
(aus Instantpulver oder selbstgemacht)
50 g geschälte Mandeln
50 g geschälte Pistazien
200 g TK-Erbsen

1. Das Hühnerbrustfilet in kleine Würfel schneiden, salzen und pfeffern. Den Reis gründlich waschen und abtropfen lassen.

2. Die Butter in einem großen Topf erhitzen. Unter ständigem Rühren den Reis darin einige Minuten glasig werden lassen. Den Safran in der Hühnerbrühe auflösen und den Reis damit ablöschen.

3. Das Hühnerfleisch zusammen mit Mandeln, Pistazien, Erbsen und 1 Teelöffel Salz unter den Reis rühren. Das Ganze zugedeckt köcheln lassen, bis der Reis die Brühe aufgesogen hat.

4. Dann den Topf vom Herd nehmen, nochmals umrühren und das Gericht zugedeckt etwa 10 Minuten ziehen lassen.

Pane dana pırzola

Panierte Kalbskotelettes

- Zubereitungszeit: ca. 1/2 Std.
- ca. 550 kcal je Portion
- Dazu paßt grüner Salat mit Gurken und Paprikaschoten

4 Kalbskotelettes (à ca. 200 g)
Salz
schwarzer Pfeffer aus der Mühle
2 EL geriebener Käse
Mehl zum Wenden
2 Eier
4 EL Milch
Paniermehl zum Wenden
100 g Butter
2 EL feingehackte, glatte Petersilie
4 Zitronenhälften zum Garnieren

1. Die Kalbskotelettes leicht flachdrücken, salzen und pfeffern. Jeweils etwas Käse auf das Fleisch geben, festdrücken und die Kotelettes anschließend in Mehl wenden. Die Eier in einem Suppenteller mit der Milch verquirlen und die Kalbskotelettes durch die Masse ziehen. Zuletzt in Paniermehl wenden.

2. In zwei Pfannen jeweils die Hälfte der Butter erhitzen. In jeder Pfanne 2 Kotelettes bei starker Hitze auf jeder Seite goldbraun und knusprig anbraten.

3. Nach etwa 5 Minuten Bratzeit die Hitze reduzieren und die Kotelettes nochmals 10 Minuten braten. Herausnehmen, die Petersilie im Bratensatz schwenken und auf die Kotelettes träufeln. Auf vorgewärmten Tellern servieren und mit Zitronenhälften garnieren.
(auf dem Foto oben)

Etli bulgur pilavı

Bulgur mit Hammelfleisch

- Zubereitungszeit: ca. 1 1/2 Std.
- ca. 430 kcal je Portion
- Dazu paßt Hirtensalat *(Rezept S. 7)*

400 g Hammelfleisch ohne Knochen
Salz
schwarzer Pfeffer aus der Mühle
1/2 TL Kurkumapulver (Gelbwurz)
50 g Butter oder Margarine
2 gewürfelte Zwiebeln
1 EL Tomatenmark
500 ml Fleischbrühe (aus Instantpulver)
200 g Bulgur
(vorgekochte Weizengrütze)

1. Das Fleisch in mundgerechte Würfel schneiden, salzen, pfeffern und mit Kurkuma würzen. In einem großen Topf die Butter oder die Margarine erhitzen und die Zwiebelwürfel darin andünsten.

2. Die Fleischwürfel dazugeben und von allen Seiten kräftig anbraten. Das Tomatenmark einrühren und kurz anschwitzen lassen. Mit Fleischbrühe ablöschen, das Ganze einmal aufkochen und dann zugedeckt bei mittlerer Hitze etwa 1/2 Stunde köcheln lassen.

3. Den Bulgur auf einem Sieb waschen und zusammen mit 1 Prise Salz und 1/4 Liter Wasser in den Fleischtopf rühren. Diesen zugedeckt etwa 20 Minuten garen. Sobald die Flüssigkeit aufgesogen ist, den Topf vom Herd nehmen und das Gericht vor dem Servieren etwa 10 Minuten durchziehen lassen.
(auf dem Foto unten)

SCHNELL · **KNUSPRIG**

BRAUCHT ZEIT · **HERZHAFT**

GEMÜSE UND PIKANTES GEBÄCK

Allerlei Gemüsesorten, wie Auberginen, Tomaten, Bohnen, Erbsen und verschiedene Paprikasorten sorgen für Abwechslung in der türkischen Küche.

Mantı

Gefüllte Nudelteigtaschen

- Zubereitungszeit: ca. 1 Std.
- Zeit zum Ruhen: ca. 1/4 Std.
- ca. 700 kcal je Portion

Dazu paßt Joghurt-Gurken-Creme *(Rezept S. 16)*

300 g Mehl
3 Eier
Salz
1 EL Sonnenblumenöl
1 kg frischer Spinat
(ersatzweise 500 g TK-Spinat)
1 große Zwiebel
10 Knoblauchzehen
50 g gehackte Mandeln
schwarzer Pfeffer aus der Mühle
100 g Margarine
Cayennepfeffer

1. Aus Mehl, Eiern, Salz, Öl und 2 Eßlöffeln Wasser einen geschmeidigen Teig kneten. Diesen zugedeckt $^1/_4$ Stunde ruhen lassen.

2. Den Spinat in kochendem Wasser 1 bis 2 Minuten blanchieren, mit kaltem Wasser abschrecken und gut abtropfen lassen. Mit den Händen nochmals fest ausdrücken und dann fein hacken.

3. Die Zwiebel sowie die Knoblauchzehen schälen, fein hacken und zusammen mit dem Spinat in etwas Margarine andünsten. Die Pfanne vom Herd nehmen und die Mandeln untermengen. Den Spinat salzen und pfeffern.

4. Den Teig auf einer bemehlten Arbeitsfläche dünn ausrollen und in etwa 5 cm große Quadrate schneiden. In jede Quadratmitte etwas Spinatfüllung setzen und die Teigquadrate zu Dreiecken zusammenklappen.

5. Reichlich Salzwasser zum Sieden bringen und die Nudeltaschen darin knappe 10 Minuten garen. Mit einem Schaumlöffel herausnehmen, abtropfen lassen und auf einer vorgewärmten Servierplatte anrichten. Die restliche Margarine erhitzen, mit wenig Cayennepfeffer verrühren und löffelweise über die Mantı geben.

Tip:
Die Nudelteigtaschen sind mit einer Füllung aus 250 g rohem Rinder- oder Lammhackfleisch und einer gehackten Zwiebel genauso beliebt. Die Teigtaschen werden 20 bis 25 Minuten in Salzwasser gegart und zusammen mit einer Joghurt-Knoblauch-Creme serviert.

BRAUCHT ZEIT
WÜRZIG

Pide ekmek

Fladenbrot

- Für ca. 2 Stück
- Zubereitungszeit: ca. 2 Std.
- Zeit zum Ruhen: ca. 1 Std.

ca. 1180 kcal je Stück/
ca. 590 kcal je Portion

Dazu paßt Joghurt-Gurken-Creme
(Rezept S. 16)

500 g Mehl
40 g frische Hefe (1 Würfel)
1 Prise Zucker
200 ml lauwarmes Wasser
5 EL Olivenöl
1 TL Salz
1 TL Schwarzkümmel

1. Das Mehl in eine Schüssel sieben, eine Mulde hineindrücken, die Hefe hineinbröckeln, den Zucker zugeben und beides mit 150 ml Wasser verrühren. Den Vorteig mit etwas Mehl bestäuben, mit einem Tuch abdecken und an einem warmen Ort 1/4 Stunde ruhen lassen.

2. Restliches Wasser, die Hälfte des Olivenöls sowie das Salz hinzufügen und das Ganze zu einem geschmeidigen Teig verkneten. Mit Mehl bestäuben und nochmals 1/2 Stunde an einem warmen Ort ruhen lassen.

3. Den Backofen auf 220 °C vorheizen. Den Teig gut durchkneten, in 2 Portionen teilen und jeweils einen länglichen Fladen formen. Mit den Fingern in die Teigoberfläche längs und quer Rillen eindrücken, dabei die Teigränder etwas hochziehen. Die Fladen mit restlichem Olivenöl bepinseln, mit Schwarzkümmel bestreuen und 1/4 Stunde ruhen lassen. Auf ein mit Backpapier belegtes Blech setzen und im Ofen etwa 20 Minuten backen.

Poaça

Käsegebäck

- Zubereitungszeit: ca. 1 1/4 Std.
- ca. 1160 kcal je Portion
- Dazu paßt ein Glas vollmundiger Rotwein

250 g zimmerwarme Margarine
250 g weicher Schafskäse
Butter für die Bleche
500 g Mehl
1 EL gehackte Pinienkerne oder Pistazien
2 Eigelbe
1 TL Schwarzkümmel

1. Die Margarine schaumig rühren. Den Schafskäse dazubröckeln und das Ganze zu einer weichen Masse verarbeiten.

2. Den Backofen auf 200 °C vorheizen. Zwei Backbleche mit Butter einstreichen. Mehl sowie Pinienkerne oder Pistazien zur Käsemischung geben und das Ganze zu einem geschmeidigen Teig kneten.

3. Vom Teig mit einem Teelöffel walnußgroße Portionen abstechen und diese auf die Bleche setzen. Die Eigelbe verquirlen, die Käsekugeln damit bepinseln und zum Schluß mit Schwarzkümmel bestreuen. Die Bleche in den Ofen schieben und das Käsegebäck in etwa 25 Minuten goldbraun backen. Lauwarm servieren.

Patlıcan imam bayıldı

Auberginen Imam Bayildi

- Zubereitungszeit: ca. 1 1/2 Std.
- Zeit zum Ruhen: ca. 20 Min.
- ca. 500 kcal je Portion
- Dazu paßt Fladenbrot

4 mittelgroße Auberginen
Salz
3 Zwiebeln
4 Knoblauchzehen
4 enthäutete Tomaten
150 ml Olivenöl
2 rote Paprikaschoten
1/2 Bd. feingehackte, glatte Petersilie
schwarzer Pfeffer aus der Mühle
1 TL Zucker
Saft von 1 Zitrone

1. Von den Auberginen jeweils einen Längsstreifen Haut abschälen und sie jeweils der Länge nach halbieren, aber nicht durchschneiden. Die Auberginen jeweils am Längsschnitt mit Salz bestreuen und dann 20 Minuten ruhen lassen.

2. Die Zwiebeln schälen und in Ringe schneiden. Die Knoblauchzehen schälen und hacken. Die Tomaten vom Stielansatz befreien und fein würfeln. Den Backofen auf 200 °C vorheizen und eine Auflaufform mit etwas Olivenöl auspinseln.

3. Die Paprikaschoten vierteln, entkernen und in schmale Streifen schneiden. Die Auberginen kalt abwaschen, mit Küchenkrepp trockentupfen und nebeneinander mit dem Längsschnitt nach oben in die Form setzen.

4. In einer Pfanne die Hälfte des Olivenöls erhitzen. Knoblauch und Zwiebelstreifen darin glasig dünsten. Tomatenwürfel, Paprikastreifen und Petersilie hinzufügen. Die Mischung salzen, pfeffern, mit Zucker abschmecken und das restliche Olivenöl einrühren.

5. Das Gemüse in die Auberginen füllen und jede Aubergine mit etwas Wasser begießen. Die restliche Füllung auf den Auberginen verteilen. Die Form in den Ofen schieben und alles 20 bis 25 Minuten schmoren.

6. Die Form aus dem Ofen nehmen und die Auberginen in der Form erkalten lassen. Kurz vor dem Servieren mit Zitronensaft beträufeln.

Tip:
Mediterrane Gerichte, vor allem Gemüsegerichte, werden vorzugsweise mit Olivenöl zubereitet. Achten Sie beim Kauf des Öls darauf, daß dieses kaltgepreßt wurde. Die wertvollen Inhaltsstoffe des Öls bleiben zur Gänze erhalten, wenn Sie es zum Schluß über die Gerichte träufeln. In Kombination mit Zitronensaft und frischen Kräutern ist Olivenöl besonders bekömmlich.

Zeytinyağlı biber dolması

Gefüllte Paprikaschoten

- Zubereitungszeit: ca. 1 3/4 Std.
- ca. 650 kcal je Portion
- Dazu paßt Pfefferminztee

4 gleich große, rote oder gelbe Paprikaschoten
125 ml Olivenöl
250 g Reis
2 gewürfelte Zwiebeln
1 EL geschälte Pinienkerne
Salz, 2 EL Korinthen
schwarzer Pfeffer aus der Mühle
je 1/2 Bd. feingehackte, glatte Petersilie und feingehackter Dill
je 1 TL Zimtpulver und Zucker
1 EL getrocknete Pfefferminzblätter
Saft von 1 Zitrone

1. Von den Paprikaschoten jeweils einen runden Deckel abschneiden, Kerne und Trennwände entfernen. Eine Auflaufform mit etwas Olivenöl auspinseln und den Backofen auf 200 °C vorheizen.

2. Den Reis waschen und abtropfen lassen. In einem Topf 4 Eßlöffel Olivenöl erhitzen. Zwiebelwürfel und Pinienkerne darin andünsten. Den Reis einstreuen, unter Rühren kurz anschwitzen lassen und 1/2 Liter Wasser angießen. Einen Teelöffel Salz zugeben und das Ganze unter Rühren so lange köcheln lassen, bis fast die ganze Flüssigkeit aufgesogen ist.

3. Den Reis zugedeckt 10 Minuten ruhen lassen. Dann mit Korinthen, Pfeffer, Petersilie, Dill, Zimtpulver, Zucker, Pfefferminze und Zitronensaft vermischen. Die Paprikaschoten mit der Mischung füllen, mit dem Deckel nach oben in die Form setzen und 1/4 Liter Wasser angießen. Zugedeckt etwa 3/4 Stunden im Ofen schmoren lassen.
(auf dem Foto oben)

Yoğurtlu havuç kızartması

Gebratene Karotten mit Joghurt

- Zubereitungszeit: ca. 1 1/2 Std.
- ca. 940 kcal je Portion
- Dazu paßt Käsegebäck *(Rezept S. 45)*

1,5 kg mittelgroße Karotten
Salz
1 Prise Zucker
300 g Mehl
200 ml Sonnenblumenöl
500 g Vollmilchjoghurt
2 EL frisch gehacktes Fenchelgrün

1. Die Karotten schälen und in reichlich Salzwasser zusammen mit dem Zucker bißfest kochen. Abgießen und abtropfen lassen.

2. Aus Mehl, Salz und etwa 300 ml Wasser einen dickflüssigen Teig rühren.

3. Das Öl in einem Topf erhitzen. Die Karotten mit Hilfe einer Gabel einzeln in den Teig tauchen und portionsweise im Öl rundherum goldbraun braten.

4. Auf Küchenkrepp abtropfen lassen. Den Joghurt in einem Schüsselchen glattrühren, mit Salz abschmecken, mit Fenchelgrün bestreuen und zusammen mit den Karotten servieren.
(auf dem Foto unten)

ZEITINTENSIV · ORIENTALISCH

BRAUCHT ZEIT · KROSS

Hanim böreği

Börek nach Hausfrauenart

- Zubereitungszeit: ca. 1 Std.
- ca. 870 kcal je Portion
- Dazu paßt Hirtensalat
  (Rezept S. 7)

5 Blätter Yufka
(fertige Teigplatten, in türkischen Lebensmittelgeschäften erhältlich, ersatzweise TK-Blätterteig)
Butter oder Margarine für das Blech
400 g Schafskäse
1 Bd. feingehackte, glatte Petersilie
1 Ei
150 ml Milch
150 g weiche Butter

1. Die Yufkablätter nebeneinander auf eine Arbeitsfläche legen. Jede Schicht mit etwas Wasser beträufeln und mit einem feuchten Tuch abdecken. Den Backofen auf 200 °C vorheizen und ein Backblech mit Butter oder Margarine einstreichen.

2. Den Schafskäse kleinschneiden. Zusammen mit der Petersilie, dem Ei sowie mit 50 ml Milch in einer Schüssel cremig verrühren. Die restliche Milch mit der Butter verrühren.

3. Die Yufkablätter in längliche, dicke Streifen von etwa 6 x 18 cm schneiden. Die Teigoberflächen mit Milch-Butter-Mischung bestreichen, auf jedes Streifenende 1 Eßlöffel Käsefüllung setzen. Die Ränder jeweils diagonal zu Dreiecken hochschlagen.

4. Die Böreks auf das Backblech setzen, mit Milch-Butter-Mischung bestreichen und im Ofen in 10 bis 15 Minuten goldbraun backen. Lauwarm servieren.

Mücver

Zucchinipuffer

- Zubereitungszeit: ca. 1 Std.
- ca. 390 kcal je Portion
- Dazu paßt Safran-Joghurt-Sauce

750 g Zucchini
Salz
1 gewürfelte Zwiebel
je 1/2 Bd. feingehackte, glatte Petersilie und feingehackter Dill
2 Eier
ca. 100 g Paniermehl
100 g frisch geriebener Hartkäse
schwarzer Pfeffer aus der Mühle
etwas Mehl zum Wenden
Sonnenblumenöl zum Ausbacken

1. Die Zucchini in Scheiben schneiden. In reichlich Salzwasser etwa 8 Minuten garen; anschließend herausnehmen, gründlich abtropfen lassen und mit den Händen ausdrücken.

2. Die Zucchinischeiben in einer Küchenmaschine oder im Mixer grob pürieren. Das Püree in eine Schüssel geben und darin mit Zwiebelwürfeln, Petersilie, Dill, Eiern, Mehl, Paniermehl und Käse gut vermengen. Die Zucchinimasse salzen, pfeffern und etwa 10 Minuten ruhen lassen.

3. Aus der Masse mit nassen Händen kleine Puffer formen und diese in Mehl wenden. Reichlich Öl in einem Topf erhitzen und die Zucchinipuffer darin portionsweise knusprig ausbacken. Auf Küchenkrepp abtropfen lassen und heiß servieren.

Ispanaklı börek

Börek mit Spinatfüllung

- Zubereitungszeit: ca. 1 1/2 Std.
- ca. 730 kcal je Portion
- Dazu paßt ein Glas Weißwein

1 kg frischer Spinat
3 große Zwiebeln
3 Knoblauchzehen
50 ml Olivenöl
150 g milder Schafskäse
je 1/2 Bd. gehackter Dill
und feingehackte, glatte Petersilie
2 Eier
Salz
schwarzer Pfeffer aus der Mühle
5 Blätter Yufka
125 ml warme Milch
50 g zimmerwarme Butter
1 verquirltes Eigelb

1. Den Spinat von groben Stielen befreien und grob hacken. Die Zwiebeln sowie die Knoblauchzehen schälen und fein würfeln. Den Backofen auf 200 °C vorheizen. Eine Springform (ca. 26 cm Ø) mit Olivenöl ausstreichen.

2. Das restliche Olivenöl in einem großen Topf erhitzen und Zwiebeln sowie Knoblauch darin andünsten. Den Spinat hinzufügen und das Ganze einige Minuten weiterdünsten. Den Topf vom Herd nehmen.

3. Den Schafskäse mit einer Gabel zerbröckeln und zusammen mit Dill, Petersilie sowie Eiern unter den Spinat mengen. Die Masse salzen und pfeffern. Die Teigblätter nebeneinander auf eine Arbeitsplatte legen und jeweils mit Wasser benetzen.

4. Die Springform mit Teigblättern auslegen. Dabei ausreichend Teig zum Abdecken der Oberfläche über den Rand hängen lassen. Die Milch mit der Butter verrühren und jede Teigschicht mit der Flüssigkeit bepinseln.

5. Die Spinatmasse in die Springform füllen und mit den überhängenden Teigschichten abdecken. Dabei jedes Teigblatt mit der restlichen Milch-Butter-Mischung einstreichen. Zum Schluß die Oberfläche der Pastete mit dem Eigelb bepinseln.

6. Die Spinatpastete in den Ofen schieben und in etwa 1/2 Stunde knusprig und goldbraun backen.

Tip:
Servieren Sie die Spinatpastete, wie auf unserem Foto, zusammen mit grünem Salat und Tomatenscheiben. In türkischen Lebensmittelgeschäften erhalten Sie den vorgefertigen und gerollten Yufka - hauchdünne Teigblätter, die in folienverschweißten Packungen mit 400 bis 600 g Einwaage angeboten werden. Sollte bei Ihnen um die Ecke ein griechischer Laden sein, so verwenden Sie Filloteig-Blätter. Sollte beides nicht zu bekommen sein, greifen Sie ersatzweise auf tiefgekühlten Blätterteig zurück. Der aufgetaute Blätterteig muß noch entsprechend ausgerollt werden.

SÜSSPEISEN UND SÜSSES GEBACK

Feiner Yufkateig, Honig, Rosenwasser, Grieß, viele verschiedene Nüsse, Zimt und Zucker - das sind die geheimnisvoll einfachen Zutaten der türkischen Zuckerbäckerei.

Nemse baklavası

Blätterteig mit Walnußfüllung

- Zubereitungszeit: ca. $1^1/_2$ Std.
- ca. 1780 kcal je Portion
- Dazu paßt eine Tasse Mokka

500 g Zucker
Saft von 1 Zitrone
150 g zerlassene Butter
500 g aufgetauter
TK-Blätterteig
Mehl für die Arbeitsfläche
2 Eiweiß
250 g gehackte Walnüsse

1. In einem Topf 400 ml Wasser mit 400 g Zucker verrühren. Das Zuckerwasser unter Rühren erhitzen und dann etwa 8 Minuten leise köcheln lassen. Den Topf vom Herd nehmen und den Zitronensaft unterrühren. Die Zuckermischung erkalten lassen.

2. Den Backofen auf 200 °C vorheizen und ein Backblech mit etwas Butter einstreichen. Die Blätterteigscheiben auf einer bemehlten Arbeitsfläche ausrollen. Die Hälfte des Teiges auf das Blech legen und mit flüssiger Butter bestreichen.

3. Die Eiweiße zusammen mit dem restlichen Zucker steif schlagen. Die Walnüsse unterziehen, dabei 1 Eßlöffel davon zum Bestreuen zurückbehalten. Die Mischung auf dem Blätterteig verstreichen, mit den restlichen Blätterteigscheiben belegen und dabei jeweils die Teigränder andrücken.

4. Das Ganze mit einem scharfen Messer in kleine, etwa 6 x 6 cm große Quadrate schneiden. Mit der restlichen Butter gleichmäßig bestreichen.

5. Das Blätterteiggebäck in den Ofen schieben und in etwa 1/2 Stunde goldbraun backen. Aus dem Ofen nehmen und noch heiß mit dem kalten Zuckersirup begießen. Mit den zurückbehaltenen Walnüssen bestreuen. Vor dem Servieren erkalten lassen.

Tip:
Anstelle von Zuckersirup können Sie auch Honigsirup verwenden. Hierfür erhitzen Sie 250 g Honig zusammen mit 1/2 Liter Wasser und 1/2 Zimtstange. Die Mischung etwa 1/4 Stunde offen köcheln lassen. Dann die Zimtstange entfernen und den Sirup erkalten lassen.

ZEITINTENSIV
NUSSIG

Paskalya çöreği

Osterfladen

- Zubereitungszeit: ca. 1 Std.
- Zeit zum Gehen: ca. 2 Std.
- ca. 1360 kcal je Portion
- Dazu paßt türkischer Kaffee *(Rezept S. 60)*

500 g Mehl
40 g frische Hefe (1 Würfel)
150 g Zucker
100 ml lauwarme Milch
2 Eier
50 ml Sonnenblumenöl
100 g zimmerwarme Butter
Salz
je 1 Msp. abgeriebene Schale einer unbehandelten Zitrone und Orange
100 g gehobelte Mandeln
1 TL gemahlener Anis
Mehl für die Arbeitsfläche
Butter für das Blech
1 Eigelb
50 g Sesamsamen
4 hartgekochte, buntgefärbte Eier

1. Das Mehl in eine Schüssel sieben und in der Mitte eine Mulde drücken. Die Hefe hineinbröckeln, etwas Zucker darüberrieseln und die Milch hinzugießen. Den Vorteig mit Mehl überstäuben und zugedeckt an einem warmen Ort etwa 1/2 Stunde ruhen lassen.

2. Dann Eier, Öl, Butter, 1 Prise Salz, Zitronen- und Orangenschale, Mandeln sowie Anispulver hinzufügen und das Ganze zu einem geschmeidigen Teig kneten. Diesen zudecken und nochmals an einem warmen Ort 1 Stunde gehen lassen.

3. Ein Backblech mit Butter einstreichen. Das Eigelb mit 2 Eßlöffeln Wasser verquirlen. Den Hefeteig auf einer bemehlten Arbeitsfläche nochmals gut durchkneten. Einen Fladen formen, auf das Backblech setzen und mit dem Eigelb bestreichen. Die Sesamsamen gleichmäßig darüberstreuen. Den Fladen zugedeckt nochmals 1/2 Stunde gehen lassen.

4. Den Backofen auf 180 °C vorheizen. In die Teigmitte des Osterfladens vier Vertiefungen drücken. Das Blech in den Ofen schieben und den Fladen in etwa 3/4 Stunden goldgelb backen. Herausnehmen, kurz abkühlen lassen und in jede Vertiefung 1 buntes Ei setzen.

Variation:

Bereiten Sie den Vorteig mit nur 1 Eßlöffel Zucker zu und lassen Sie beim Hefeteig die Anissamen und die Mandeln weg. Teilen Sie den Teig in 8 Portionen, rollen Sie jede Portion zu einem Strang und formen Sie diesen zu einem Kringel. Die Kringel mit Eigelb bestreichen, mit Sesamsamen betreuen und im Ofen etwa 20 Minuten backen. Das Ergebnis sind knusprige, pikante Sesamkringel – auf türkisch Simit.

Irmik helvası

Grießhelva

- Zubereitungszeit: ca. 1 Std.
- Zeit zum Kühlen: ca. 2 Std.
- ca. 1120 kcal je Portion

Dazu paßt Türkischer Kaffee
(Rezept S. 60)

3/4 l Milch
250 g Zucker
150 g Butter
250 g Grieß
100 g Mandelstifte
geschälte Pinienkerne zum Garnieren
Zimtpulver und Puderzucker zum Bestäuben

1. Die Milch und den Zucker in einem Topf verrühren, erhitzen und aufkochen lassen. Dann den Topf vom Herd nehmen.

2. In einem zweiten Topf die Butter erhitzen. Den Grieß einrühren und unter ständigem Rühren einige Minuten goldgelb anrösten. Die Mandelstifte hinzufügen und die Masse 5 Minuten bei milder Hitze weiterrühren.

3. Den Topf mit dem Grießbrei vom Herd nehmen und die Zuckermilch mit einem Schneebesen vorsichtig einrühren. Das Ganze nochmals erhitzen und 5 Minuten unter ständigem Rühren köcheln lassen.

4. 4 Förmchen mit kaltem Wasser ausspülen. Die Grießmasse einfüllen, glattstreichen und für mindestens 2 Stunden in den Kühlschrank stellen. Die Pinienkerne in einer beschichteten Pfanne ohne Fettzugabe anrösten. Die Grießhelvas stürzen, jeweils mit Zimtpulver und mit Puderzucker bestäuben und dekorativ mit Pinienkernen belegen.

Bademli yarım ay

Mandelhalbmonde

- Zubereitungszeit: ca. 1 Std.
- Zeit zum Trocknen: ca. 1 Std.
- ca. 770 kcal je Portion
- Dazu paßt Türkischer Kaffee *(Rezept S. 60)*

4 Eiweiß
Salz
250 g Puderzucker
1/2 P. Vanillezucker
1 TL Zitronensaft
400 g gemahlene Mandeln
etwas Puderzucker für die Arbeitsfläche

1. Ein Blech mit Backpapier belegen, den Backofen auf 50 °C vorheizen. Die Eiweiße zusammen mit 1 Prise Salz steif schlagen. Nach und nach Puderzucker, Vanillezucker sowie Zitronensaft unter den Eischnee ziehen.

2. Von der Eischneemasse 1 Tasse abnehmen. Den Rest mit den gemahlenen Mandeln vermischen und auf einer mit Puderzucker bestäubten Arbeitsfläche 1/2 cm dick ausrollen.

3. Mit Ausstechförmchen Halbmonde ausstechen, diese auf das Backblech setzen und mit der restlichen Eischneemasse bestreichen. Die Mandelhalbmonde im Ofen etwa 1 Stunde trocknen lassen.

Ayran

Türkisches Joghurtgetränk

- Für ca. 4 Gläser
- Zubereitungszeit: ca. 1/4 Std.
- ca. 90 kcal je Portion
- Paßt zu einer reichhaltigen Essenstafel

500 g gut gekühlter Vollmilchjoghurt
1/4 l Eiswasser, Salz

1. Den Joghurt zusammen mit Eiswasser und 1 Prise Salz in einem Küchenmixer kräftig aufschlagen. In hohe Gläser füllen und sofort servieren.
(auf dem Foto: oben)

Tip:
Dieses erfrischende Joghurtgetränk läßt sich mit Zitronensaft und/oder frisch gehackter Pfefferminze immer wieder neu variieren.

Türk kahvesi

Türkischer Kaffee

- Für ca. 2 Tassen
- Zubereitungszeit: ca. 1/4 Std.
- ca. 40 kcal je Tasse

Dazu passen Mandelhalbmonde
(Rezept S. 59)

2 TL feines Kaffeepulver
Zucker nach Geschmack

1. Zwei Mokkatassen kaltes Wasser mit Kaffeepulver und Zucker verrühren. Die Flüssigkeit in einem kleinen Topf aufkochen, wieder in die Tassen gießen und sofort servieren.
(auf dem Foto: Mitte)

Tip:
In der Türkei wird für die Zubereitung des Kaffees ein spezieller Kupfertiegel namens Cezve verwendet. Dieser Tiegel hat einen breiten Boden und verjüngt sich nach oben, was die Schaumbildung begünstigt. Damit sich keiner die Finger verbrennt, ist der Tiegel zudem mit einem besonders langen Stiel versehen.

Türk çayı

Türkischer Tee

- Zubereitungszeit: ca. 20 Min.

Dazu paßt Grießhelva
(Rezept S. 58)

8–10 TL türkischer Tee
Zucker nach Geschmack

1. Zwei Teekannen übereinander auf den Herd stellen. Die untere Kanne mit Wasser füllen. In die obere Kanne, vorzugsweise eine dünne Porzellankanne, pro Tasse 2 Teelöffel Tee, vermischt mit ein paar Tropfen Wasser, geben.

2. Sobald das Wasser in der unteren Kanne kocht, die Hälfte davon in die Porzellankanne gießen. Etwa 10 Minuten ziehen lassen. Zum Servieren halb Teekonzentrat und halb kochendes Wasser in die Gläser füllen. Nach Geschmack zuckern.
(auf dem Foto: unten)

Tip:
Wählen Sie in türkischen Läden Ihre gewünschte Teesorte aus. Außerdem gibt es in diesen Geschäften oft spezielles Geschirr für die Teezubereitung.

SCHNELL · ORIENTALISCH

SCHNELL · AROMATISCH

Rezeptverzeichnis in Türkisch

Rezeptverzeichnis in Deutsch

Dieses Buch gehört zu einer Kochbuchreihe, die die beliebtesten Themen aus dem Bereich Essen und Trinken aufgreift. Sie erhalten die Titel überall dort, wo es Bücher gibt.

Sie finden uns im Internet: **www.falken.de**

Bei diesem Buch handelt es sich um eine überarbeitete Ausgabe des bereits unter dem Titel „Türkische Küche" (Nr. 2127) erschienenen Buches.

Dieses Buch wurde auf chlorfrei gebleichtem und säurefreien Papier gedruckt.

ISBN 3 8068 2618 8

Umschlaggestaltung: Peter Udo Pinzer
Gestaltungskonzeption: Christa Johanna Gramm
Redaktion dieser Auflage: Birgit Wenderoth
Umschlagfotos: Studio Reiner Schmitz, München
(vorne außen: Rezept: „Fleischspieße vom Grill", S. 26; vorne innen: Rezept: „Lammfleisch und Gemüse im Tontopf", S. 36; hinten: Rezept: „Börek mit Spinatfüllung", S. 52)
Fotos: Studio Reiner Schmitz, München
Produktion: Dr. Reitter & Partner GmbH, Vaterstetten
Satz: Dr. Reitter & Partner GmbH, Vaterstetten
Druck: Appl, Wemding

817 2635 4453 6271